LYLIANE DEBUT

LE COMMERCE EN MILIEU RURAL

...

MON CRI DU CŒUR ET DE LA RAISON

© 2024 Lyliane Debut
Gwénaëlle Fradet
Écrivain-Biographe, Prête-Plume, Aide à l'écriture

Édition : BoD • Books on Demand GmbH, In de Tarpen
42, 22848 Norderstedt (Allemagne)
Impression : Libri Plureos GmbH, Friedensallee 273,
22763 Hamburg (Allemagne)

Illustration : <u>Grumpy Beere</u>

ISBN : 978-2-3225-3988-8
Dépôt légal : Juin 2024

Plus il y a de commerces, plus un village vit.

Ces quelques mots sonnent, pour moi, comme une évidence.

L'importance des métiers de la vente dans la vitalité d'une localité ne doit pas être ignorée. Leur disparition signe souvent la fin de l'intérêt général et, malheureusement, de nombreuses activités en milieu rural sont aujourd'hui abandonnées, délaissées, menant à une désertification palpable et déplorable. Et celles qui demeurent sont en danger.

C'est une réalité. Une triste vérité. Un fait que je désire vous exprimer.

Je m'appelle Lyliane, et je suis commerçante dans un village de mille habitants.

Souvenez-vous autrefois.

C'était une époque où les villages étaient le cœur battant de la campagne environnante. Les rues dans les bourgs étaient animées par une multitude de petits commerces qui faisaient du quotidien une expérience agréable, dynamique et rassurante. Les épiceries, boulangeries, boucheries, librairies, bazars, bureaux de poste, pharmacies, et même les magasins de vêtements et de chaussures contribuaient à une existence communautaire riche et vibrante. Les cafés, en particulier, étaient des lieux de face à face et d'échanges, des havres de convivialité où les habitants pouvaient se retrouver et se détendre.

Les fonctions de proximité étaient également cruciales. Les médecins, infirmiers, kinésithérapeutes, électriciens et plombiers faisaient partie intégrante de la vie villageoise, assurant des soins et des services indispensables.

Il y a quelque temps de cela, j'ai fait la connaissance d'une vieille dame. Elle m'a raconté, s'est confiée à moi. Sa mémoire est encore vive et ses souvenirs d'avant la rendent nostalgique. Elle aime les faire revivre et, lors de notre rencontre, je l'ai l'écoutée.

Cette habitante âgée est un des acteurs du cycle des saisons qui passent, du changement inexorable qui transforme nos communes. C'est avec une profonde tristesse que j'évoque son témoignage, empreint de mélancolie et d'une apparente douleur, mais aussi d'une certaine résilience.

Ses yeux se sont cependant mis à briller à la réminiscence des images qui ressurgissaient de son esprit, de ses histoires d'antan. L'entendre parler de la paroisse dans laquelle elle vit encore m'a beaucoup émue.

Elle m'a conté un souvenir précis.

La place de son village, autrefois animée, est désormais plongée dans le silence. Les vitrines des anciens commerces sont obstruées, comme figées dans le temps. Ce lieu de retrouvailles résonnait des rires, des discussions et des pas des habitants allant chercher leur pain ou leur journal. Aujourd'hui, seule la cloche de l'église continue de marquer le passage du temps.

Elle se souvient encore de l'époque où elle tenait sa petite boutique d'alimentation.

Chaque matin, elle accueillait les clients avec un sourire, partageant avec eux les nouvelles du jour et des moments de vie. La fermeture de son épicerie a été un coup dur. Et depuis, ses journées sont devenues longues et solitaires, le mutisme de son ancien magasin qui n'avait pas été repris lui rappelant douloureusement tout ce qui avait été perdu.

Elle pense également au boulanger. Il partageait sa passion pour le métier et sa peine face à la désertification de leur commune. Un à un, ils avaient vu leurs voisins fermer boutique, incapables de rivaliser avec les grands supermarchés de plus en plus nombreux. Son ami le boulanger avait fini par partir, laissant son fournil vide et une ruelle encore plus silencieuse.

Les services médicaux avaient eux aussi disparu. Le cabinet du docteur, pilier de la petite ville depuis des décennies, est à présent fermé faute de relève. Pour une simple consultation, il faut désormais parcourir des kilomètres, une épreuve insurmontable pour les plus âgés et les plus vulnérables.

Cette vieille dame continue cependant d'arpenter les rues. Elle refuse de laisser mourir les souvenirs de cette époque révolue. Certains jours, elle se rend sur la place, regardant avec nostalgie les commerces disparus, se rappelant les visages, les voix et l'animation.

Dans ce silence pesant, elle trouve la force de ne pas oublier, de maintenir vivante la mémoire de ce hameau autrefois vibrant.

Malgré les rideaux de fer baissés et les rues désertes, elle entend encore l'écho d'une vie passée, le murmure de l'histoire qui n'accepte pas de s'éteindre complètement dans son cœur. Car elle porte cette mémoire, elle est le témoin d'un village hier florissant. Et, chaque jour, elle espère qu'un souffle nouveau viendra raviver les braises de cette vie moribonde.

Les villages ont commencé à s'effriter dans les années 1990 et cela continue malgré un combat au quotidien.

Je suis commerçante et j'habite au cœur de l'un d'eux.

Vivre dans ces campagnes à faible densité devient de plus en plus difficile. La fermeture des boutiques locales est une tragédie, surtout pour les personnes âgées et celles à mobilité réduite. Dans ces zones rustiques, la dépendance à la voiture est une contrainte majeure. La distance croissante entre les commerces et les domiciles isole encore plus ces personnes comme celles qui n'ont pas accès à un véhicule. De plus, elle freine l'installation de nouvelles entreprises et de nouveaux habitants souhaitant limiter leurs déplacements.

Aujourd'hui, les sociétés restantes, souvent situées autour de l'église, luttent pour survivre à l'exode rural. Un exode qui entraîne la fermeture successive des épiceries, puis des boulangeries, boucheries et autres affaires, à mesure que des supermarchés envahissent les environs. Il en faut bien entendu, car ils ont aussi leur place dans le paysage. Mais les habitants de ces villages doivent, par exemple, ne pas oublier d'acheter leur pain chez le boulanger au coin de leur rue afin que celui-ci demeure ouvert, plutôt que dans la grande surface se trouvant à une dizaine de kilomètres. Maintenir ces métiers de proximité est vraiment important. Certaines activités marchandes sont également condamnées à mesure que certaines d'entre elles se permettent de vendre des produits qui ne sont pourtant pas leurs marchandises habituelles.

Nous, commerçants ruraux, nous menons des actions quotidiennes.

Ce combat n'est pas une tâche facile. C'est un engagement qui nécessite une foi inébranlable, une détermination constante et un amour profond des citoyens pour lesquels nous nous dévouons. Chaque jour, nous bataillons pour maintenir nos établissements ouverts, offrir des soutiens essentiels, et permettre à nos villages de vivre. C'est un défi pour toutes les personnes qui choisissent de perpétuer leurs activités dans ces petites communes et qui affrontent les problèmes avec courage. Nous devons réfléchir sans cesse à des innovations. Nous fermons boutique le soir, mais notre tête est continuellement en ébullition, à chercher des solutions à mettre en place, à vouloir faire toujours mieux.

Chaque jour est une lutte pour fidéliser la clientèle. Et aujourd'hui, la peur de manquer d'idées nous tenaille.

Être un petit commerçant, c'est cela.

La foi est donc importante, mais la persévérance aussi.

Pour subsister en tant que commerçant rural, il faut bien plus que cette foi en effet. Il faut croire en notre mission, se remettre en question continuellement, réfléchir profondément et faire preuve de sensibilité. Nous devons travailler dur, main dans la main, former une équipe altruiste. La concurrence entre voisins est une agression inutile. Trop de rivalité génère de la confusion dans l'esprit des habitants et rend la survie de plusieurs échoppes similaires impossible. La coopération et l'entente entre nous sont importantes pour maintenir l'équilibre et la vitalité de nos villages.

Nous rêvons et souhaitons aussi que certains comportements changent, que nos appels à la solidarité soient entendus.

Il est crucial de tenir en estime et de soutenir les nouveaux commerçants qui choisissent de s'implanter dans nos villages. Ils portent avec eux un espoir et une vision de renouveau pour des communautés souvent au bord du précipice. Malheureusement, l'intégration peut être difficile, surtout face à la jalousie et au manque de respect. Pourtant, ces nouveaux venus croient en la survie de la localité dans laquelle ils s'installent et souhaitent leur redonner des couleurs. Ils méritent de la reconnaissance.

Les villages ont autant le droit de vivre et de prospérer que les grandes villes. Si les petits commerces bucoliques disparaissent, le monde rural en souffrira grandement. Il est donc essentiel de respecter et de soutenir les commerçants dans ces zones au milieu des terres. Ensemble, nous pouvons dynamiser nos communes, les faire subsister moralement, financièrement, et économiquement. Ce n'est qu'en travaillant de concert, commerçants et institutions, en formant une équipe solidaire, et en respectant chacun de nos voisins, que nous pourrons redonner de l'entrain à nos bourgades et préserver leur essence unique et précieuse.

C'est pourquoi nous espérons des mains tendues, des soutiens concrets. Nous aspirons à ce que les mairies se mobilisent pour nous, à ce que les banques nous accordent la même attention qu'elles réservent aux grandes entreprises. Nous souhaitons que les chambres de commerce reconnaissent les dangers de la concurrence déloyale et cessent de minimiser son impact sur nos activités.

Hélas, les mairies ont vu leur pouvoir décliner, leurs prérogatives transférées aux régions. Ce déplacement de pouvoir a souvent conduit à un désintérêt accru de certaines municipalités envers nos préoccupations, accroissant notre frustration et notre sentiment d'impuissance face à l'absence de soutien. Nous peinons ainsi à nous faire entendre, nos voix se perdent dans les méandres de la bureaucratie régionale. Et nous nous sentons abandonnés.

Dans ce contexte, il devient urgent et nécessaire de prendre le temps pour échanger, pour dialoguer. Une communication ouverte et sincère entre les commerçants, les élus locaux, leurs représentants, et les institutions financières est essentielle pour comprendre nos défis et trouver des solutions. C'est à travers ces pourparlers que nous pourrons espérer bâtir un réseau de soutien solide et cohérent, capable de répondre à nos besoins et de revitaliser nos villages.

Nous aspirons donc à une solidarité renouvelée. Il est indispensable que les mairies retrouvent un rôle actif et engagé, que les régions prêtent une oreille attentive à nos appels, que les banques nous considèrent comme des partenaires dignes de confiance, et non comme des acteurs secondaires, que les chambres de commerce reconnaissent enfin les dangers d'une concurrence mal régulée et œuvrent pour protéger nos intérêts.

Cette concurrence concerne non seulement les petits commerces entre eux, mais aussi celle des grandes surfaces, ainsi que celle des achats en ligne devenus monnaie courante. De plus en plus de personnes choisissent de rester chez elles, assises à leur table devant leur ordinateur, à boire leur café tout en faisant leurs courses sur internet. Que ce soit pour des produits divers ou des provisions alimentaires à travers les services de drive, cette nouvelle tendance de plus en plus répandue a des conséquences profondes sur nos communes rurales.

Le recours massif à cette technique d'achats à distance engendre un manque de communication et la disparition de la convivialité. Les échanges quotidiens entre voisins, les salutations chaleureuses et les conversations spontanées deviennent rares. Les commerces locaux, autrefois des lieux de rencontres et de discussions, se vident peu à peu, perdant leur rôle social dans la vie communautaire.

Dans nos campagnes, la population est de plus en plus vieillissante. Il est dès lors primordial de penser à ces personnes âgées afin d'éviter de les isoler davantage. Les commerces de proximité sont essentiels pour elles, non seulement pour leurs besoins quotidiens, mais aussi pour leur bien-être social. Nous leur offrons un lieu de contact humain, de chaleur et de sécurité. En retour, bon nombre de ces magasins survivent grâce à la fidélité de ces femmes et ces hommes qui continuent de les fréquenter.

Cependant, une question préoccupante se pose : qu'adviendra-t-il de ces petites entreprises lorsque nos aînés ne seront plus là pour les maintenir ? La disparition progressive de cette clientèle assidue pourrait précipiter la fermeture définitive de nombreuses activités, entraînant une désertification encore plus marquée.

Face à cette réalité, il est urgent de réévaluer nos habitudes de consommation. Il est vital de soutenir les commerces régionaux, de privilégier les achats de proximité et de renforcer les relations communautaires. Chaque achat dans un commerce local est une contribution directe au dynamisme de nos villages, une manière de maintenir la convivialité et de lutter contre l'isolement. Nous devons également encourager les jeunes générations à redécouvrir et à valoriser ces commerces, à faire perdurer les travaux et activités liés à la production végétale et animale. Les initiatives communes, les événements provinciaux et les messages de sensibilisation peuvent jouer un rôle crucial dans ce processus.

Certes, les acquisitions en ligne offrent confort et rapidité, mais ils ne doivent pas se faire au détriment de nos boutiques rurales. Soutenons nos petits commerces, préservons les liens humains qui ont fait la richesse de nos localités, et œuvrons ensemble pour un avenir où chaque membre de notre communauté se sentira épaulé et mis en valeur. C'est en tendant la main aux autres, en choisissant la proximité, que nous pourrons redonner vie et espoir à nos lieux d'habitation.

Le temps des échanges devient aujourd'hui important et nécessaire.

La survie de notre travail de ventes en magasin, et par extension de nos villages, dépend de la capacité de chacun à se mobiliser, à écouter, à comprendre et à agir. Ensemble, nous pourrions créer un environnement où les commerces prospèrent, où les bourgades retrouvent leur vitalité, et où chaque détaillant se sent soutenu et valorisé. C'est en tendant la main, en exerçant de concert, que nous pourrons surmonter les défis qui nous attendent, et offrir l'espoir à nos communes rurales et aux secteurs d'activités disparus ou en voie de disparition.

LES COMMERCES ESSENTIELS ET LES ACTIVITÉS NÉCÉSSAIRES

Que ce soit en zones rurales ou urbaines, tout territoire habité doit disposer de commerces essentiels et d'activités nécessaires à proximité.

Le développement à plus grande échelle de ces commerces de périphérie ces dernières années ne doit pas masquer les opportunités qu'offrent le milieu rural et les villages pour ceux qui souhaitent recréer du lien social.

En effet, la désertification actuelle met en lumière l'importance cruciale des magasins de proximité dans la revitalisation des petites communes. Les supérettes, boulangeries, boucheries, bar-tabac et services à la personne constituent des entreprises indispensables pour le bien-être des habitants vivant loin des grandes villes.

Ces petits commerces et ces activités jouent un rôle clé pour les personnes âgées, qui rencontrent souvent des difficultés à se déplacer, ainsi que pour les actifs qui préfèrent éviter les longs trajets en voiture pour accéder aux biens de première nécessité. Les jeunes, encore présents dans ces zones et souvent sans permis de conduire, bénéficient également grandement de cette proximité.

Cependant, ouvrir une affaire dans des zones à faible ou moyenne densité humaine comporte des risques importants. Un commerçant installé dans un village réalisera probablement moins de chiffre d'affaires qu'une grande enseigne implantée en centre commercial ou en centre-ville. Les enjeux sont donc différents et nécessitent une approche adaptée. Néanmoins, il est capital de comprendre que l'ouverture d'une entreprise de proximité dans un village ne se limite pas à des considérations économiques. Elle permet de recréer du lien et d'améliorer les conditions de vie sur ces territoires souvent négligées.

De plus, si les commerçants parviennent à fidéliser leur clientèle locale, et même à attirer des habitants des communes avoisinantes ainsi que des visiteurs de passage, les résultats peuvent être extrêmement positifs. Au-delà de l'aspect économique, il s'agit avant tout d'une réussite humaine. Le commerce de proximité devient alors un vecteur de dynamisme régional, contribuant à la cohésion sociale et à l'animation des villages.

En fin de compte, le commerce de voisinage dans les zones rurales n'est pas seulement une affaire de chiffres. C'est une aventure de cœur, c'est un engagement pour ressusciter nos villages et redonner vie à des communautés souvent isolées. Les bénéfices, bien que difficiles à quantifier, sont immenses. Ils sont une amélioration de la qualité de vie, un renforcement des liens sociaux et un soutien à l'économie locale. C'est en valorisant ces initiatives que nous pourrons offrir un avenir à nos territoires ruraux, afin de les rendre attractifs et dynamiques pour les générations à venir.

Et tout ceci me tient tant à cœur.

Aujourd'hui, la conjoncture crée un malaise profond et un sentiment de mal-être généralisé s'est insidieusement installé dans notre société. Ces ressentis négatifs ne sont pas le fruit du hasard, mais résultent de multiples problématiques qui, cumulés, pèsent lourdement sur les individus et les communautés.

Parmi ces problématiques, l'une des plus préoccupants concerne la gestion des biens immobiliers pouvant recevoir des boutiques. Particulièrement dans les petites bourgades rurales.

De nombreux propriétaires de murs, de locaux et de surfaces ayant autrefois abrité des commerces, aujourd'hui fermés, semblent ne pas faire l'effort nécessaire pour réhabiliter ces espaces. Ces locaux, laissés à l'abandon, pourraient pourtant être rénovés et accueillir de nouveaux commerçants. Une telle initiative aurait le double avantage de revitaliser les centres-villes en déclin et de créer des opportunités pour les entrepreneurs souhaitant s'installer dans ces villages moribonds.

Il est déplorable de constater que dans les communes de moins de 1 000 habitants, où, dans le passé, foisonnaient divers commerces, une majorité d'entre eux ont désormais tiré le rideau. Ces commerces sont soit fermés et abandonnés, soit transformés en logements locatifs pour particuliers. Cette situation est d'autant plus regrettable qu'il n'existe pas de dialogue constructif entre les propriétaires des murs de ces anciens commerces, les chambres de commerce et les municipalités. Une collaboration entre ces acteurs pourrait permettre de trouver des solutions économiques et financières pour recréer du dynamisme en milieu rural.

Je vais vous citer l'exemple du boulanger d'une commune voisine de la mienne.

Il possédait un établissement prospère, mais il a déménagé, entraînant la fermeture de sa boulangerie. Le bâtiment a été vendu et, malheureusement, n'a pas trouvé de repreneur. Dans ce village, il ne restait plus qu'un café-restaurant et cette boulangerie, qui servait également de petite épicerie pour les besoins quotidiens. Le propriétaire actuel des murs a fixé un loyer démesurément élevé, rendant impossible l'implantation de nouveaux commerçants.

Ce cas n'est malheureusement pas isolé. Les loyers proposés sont souvent excessivement élevés, même pour une ville de taille moyenne. Cette politique de loyer dissuade les entrepreneurs qui auraient voulu investir et ouvrir une épicerie ou toute autre activité. Le prix du loyer devient ainsi une barrière insurmontable, annihilant tout désir d'installer une nouvelle activité commerciale.

Cette problématique des loyers exorbitants est l'un des obstacles que nous rencontrons. Il devrait être donc crucial d'établir un dialogue entre les différents acteurs pour élaborer des stratégies efficaces de réhabilitation et de gestion des loyers. Seule une approche collaborative permettra de surmonter les difficultés et de favoriser le développement commercial en milieu rural. Une prise de conscience collective et une action concertée sont nécessaires pour revitaliser ces espaces, redonner vie aux centres-villes ruraux, et ne pas laisser place à des rues désertes, à des communautés en déclin.

Un autre problème d'envergure réside dans l'installation de moyennes et grandes surfaces en milieu rural.

Dans une commune de 2 500 habitants de ma région, nous observons une situation particulièrement alarmante. Cette petite ville est désormais cernée par trois grandes surfaces, de plus, une enseigne spécialisée dans le déstockage, les articles dégriffés, et la vente à bas prix vient de s'implanter. Cette dernière propose une large gamme de produits, allant de la décoration au nettoyage, en passant par le sport et les marchandises pour animaux domestiques, à des prix défiant toute concurrence. Ces chaînes de hard discount offrent souvent des marques nationales issues de surstockage pour moins d'un euro, ce qui exerce une pression considérable sur les commerçants locaux.

Le fleuriste du village, qui propose également des petits cadeaux, se retrouve en grande difficulté. De même, le tabac-presse, qui distribue de la papèterie et divers articles, voit ses ventes chuter. La mercerie et de nombreux autres commerces sont eux aussi affectés par cette concurrence que je trouve déloyale. La situation ne fait qu'empirer avec la perspective de l'installation d'une quatrième grande surface alimentaire dans le même secteur géographique. Les commerçants locaux, déjà en grande difficulté, ne savent pas s'ils pourront continuer à exercer leur activité face à cette rivalité écrasante. Ils se sentent vraiment en péril.

Cette situation génère une peur palpable parmi les habitants et surtout parmi ceux qui envisagent de se lancer dans un nouveau commerce en milieu rural. La question cruciale qu'ils se posent est de savoir s'ils auront les moyens de travailler et de réussir à dégager un salaire décent dans un contexte économique si hostile. La crainte de l'échec et de l'endettement est omniprésente, et beaucoup hésitent à prendre le risque de se lancer dans une telle aventure.

Par ailleurs, des moyens de transport ont été mis en place pour permettre aux piétons de se rendre dans ces grandes surfaces et magasins. Le covoiturage et les associations menées par des bénévoles offrent à ces personnes la possibilité de faire leurs courses à bas prix en dehors du village. Cela réduit fortement le recours aux taxis, plus coûteux, et facilite l'accès aux produits bon marché. En effet, ces initiatives solidaires permettent à un nombre considérable de personnes de bénéficier des tarifs avantageux des grandes surfaces, ce qui affaiblit encore davantage les commerces locaux.

Cette facilité d'accès aux grandes surfaces s'étend également aux services médicaux et spécialisés. Pour consulter un médecin ou un spécialiste, les habitants n'hésitent plus à se déplacer en dehors du village, profitant des moyens de transport mis à leur disposition. Cela nuit directement aux commerces régionaux essentiels et aux activités nécessaires pour maintenir une vie communautaire dynamique et solidaire en milieu rural.

La désertification commerciale des petites communes pose un problème sociétal majeur. Les commerces de proximité, qui jouent un rôle crucial dans la vie quotidienne des résidants, se trouvent en voie de disparition. La fermeture de ces commerces entraîne une diminution des services disponibles localement, obligeant les habitants à parcourir de plus longues distances pour répondre à leurs besoins. Cela affecte particulièrement les personnes âgées et les familles à faible revenu, qui disposent de moins de moyens pour se déplacer.

En conclusion, l'installation de moyennes et grandes surfaces en campagne représente une menace sérieuse pour les petits commerçants locaux. Cette situation engendre des difficultés économiques majeures pour ces magasins, qui peinent à survivre face à la concurrence des grandes enseignes. De plus, elle soulève des questions cruciales quant à l'avenir des nouvelles entreprises en milieu rural et à la viabilité de telles initiatives. Il est impératif de trouver des solutions pour protéger et soutenir les petits commerces, afin de préserver la vitalité et la diversité économique des communes rurales.

Il existe également une ombre au tableau concernant les médecins, ce qui ajoute à l'incompréhension générale. La nouvelle génération de professionnels de santé, ainsi que celle à venir, suscite des interrogations. En effet, les jeunes docteurs et autres spécialistes semblent réticents à s'installer en milieu rural. Cette tendance révèle-t-elle un malaise profond parmi ces jeunes débutants dans la carrière médicale ?

Parallèlement, de grands centres de santé voient le jour, regroupant diverses spécialités iatriques sous un même toit : médecins, infirmiers, radiologues, dentistes, ophtalmologistes, kinésithérapeutes, etc. Ces centres sont généralement situés dans des zones urbaines à forte densité de population, éloignant ainsi ces services essentiels des villages. Cette concentration des services médicaux dans les villes entraîne une délocalisation totale de ces métiers, privant les zones rurales des soins nécessaires.

La fermeture de nombreuses maternités accentue encore cette problématique. Il est préoccupant de constater que des femmes doivent parcourir une heure ou plus pour accoucher, cette situation semble aberrante.

Cette réalité soulève des questions cruciales sur l'accessibilité aux traitements de santé en milieu rural et sur les choix de carrière des jeunes professionnels de la santé. Il est essentiel de trouver des solutions pour rééquilibrer la répartition des services médicaux et garantir à tous un accès équitable aux soins pour tous, quelle que soit sa localisation.

Les sites touristiques et les manifestations culturelles, bien qu'apportant de la vitalité à nos campagnes, entraînent également des désagréments significatifs. En effet, des commerces éphémères s'installent souvent au milieu de ces événements, causant un manque à gagner pour les commerçants des villages environnants. Pourquoi, par exemple, voir une boulangerie éphémère sur un site touristique, alors que les visiteurs pourraient faire quelques kilomètres pour soutenir les boulangers des petites communes voisines ?

Les activités saisonnières, accessibles uniquement pendant les périodes estivales et fermées le reste de l'année, posent une autre question : les touristes sont-ils leur seule clientèle ? Les habitants, qui résident là toute l'année, n'ont-ils pas le droit de bénéficier de leurs produits en hiver ?

En tant que commerçants sédentaires, nous accueillons les visiteurs avec la même amabilité que nos clients locaux. Cependant, nous privilégions ces derniers, car ils nous sont fidèles tout au long de l'année. Nous mettons toute notre âme dans notre travail, contrairement aux marchands ambulants ou saisonniers, car nous ne sommes pas de simples tiroirs-caisses. Bien que nous travaillions pour gagner notre vie, nous ne comptons pas nos heures et nous nous investissons pleinement dans notre métier.

Ces techniques de vente temporaire créent des situations pénibles et augmentent nos difficultés quotidiennes. Souvent découragés, nous continuons néanmoins de mener des combats contre cette accumulation d'injustices qui s'accumulent. De plus, nous sommes confrontés à des inégalités lorsque certains commerçants obtiennent des autorisations pour des pratiques spécifiques, tandis que ces mêmes autorisations sont refusées à leurs voisins.

Ces injustices sont une véritable épine dans le pied des commerçants sédentaires qui luttent pour survivre et prospérer dans un environnement de plus en plus hostile. Nous aspirons à un soutien plus équitable et à une reconnaissance de notre rôle crucial dans la vie de nos villages, afin de pouvoir maintenir la qualité de services proposés tout au long de l'année.

Je souhaite également m'exprimer sur les tournées ambulantes, autrefois si pratiques dans les campagnes. Souvenez-vous du boulanger du village qui parcourait les routes avec sa camionnette, s'arrêtant devant chaque maison pour vendre son pain, épargnant ainsi à ses clients de se déplacer. L'épicier, avec ses produits de première nécessité, faisait de même, apportant directement ses marchandises aux habitants.

À cette époque, les commerçants allaient vers leurs clients, créant un lien fort et une véritable proximité. Chacun savait qu'il pouvait compter sur ces visites régulières pour s'approvisionner en produits de qualité sans quitter le confort de son foyer. Cette approche, empreinte de convivialité et de service, tissait des liens sociaux importants au sein des communautés rurales.

Malheureusement, ces tournées ambulantes ont disparu. Les camions de pain et d'épicerie ne font plus partie du paysage quotidien des campagnes. La modernité et les changements économiques ont peu à peu relégué cette tradition au rang de souvenir, privant les villages de cette dynamique si précieuse.

Il est regrettable de constater la fin de ces pratiques, qui apportaient tant de confort et de chaleur humaine. Elles symbolisent un temps où les relations entre commerçants et clients étaient plus directes et plus humaines, où le commerce était avant tout une affaire de confiance et de proximité. Aujourd'hui, nous ressentons la perte de cette tradition avec nostalgie, en espérant peut-être voir un jour renaître ce modèle d'échange si précieux pour la vie rurale.

Une autre problématique persiste en milieu rural. Dans une commune d'environ 1 000 habitants, l'entente entre commerçants n'est pas toujours au beau fixe. Certains cherchent à s'approprier plus de pouvoir et de profits que d'autres, ce qui génère un malaise palpable parmi la clientèle.

Prenons l'exemple du tabac-presse qui se met à vendre du saucisson. Les acheteurs s'interrogent sur cette démarche inattendue. De même, un restaurant situé à quelques kilomètres installe un marché fermier pour vendre des produits locaux, suscitant incompréhension et controverse parmi les commerçants.

Cette confusion des rôles et cette concurrence déloyale perturbent inévitablement la clientèle. Je voudrais exprimer un cri du cœur contre cette situation et souligner que chaque commerçant devrait rester fidèle à sa spécialité et garder sa place, avec confiance et intégrité.

Pour y parvenir, il est crucial d'échanger et de s'entraider. J'imagine une coopération harmonieuse où une petite surface alimentaire pourrait mettre quelques-uns de ses produits en vente dans l'épicerie du village, sur un espace qui leur serait dédié. En retour, l'épicier préparerait des paniers contenant des produits locaux, que la surface alimentaire proposerait à ses clients.

Adopter cette approche collaborative et traditionnelle serait une véritable réussite. Nous deviendrions ainsi des commerçants avisés et solidaires, travaillant ensemble pour le bien-être de notre communauté.

Pour ma part, je tiens un commerce considéré à risque. Nous vendons des produits locaux, régionaux, bio et conventionnels, et nous subissons directement la concurrence des marchés fermiers. En effet, les agriculteurs de nos campagnes ouvrent des boutiques sur leurs exploitations. Ainsi, en tant que commerçants en zone rurale, nous devons mener des batailles quotidiennes et être constamment innovants, créer des événements pour attirer et fidéliser la clientèle, et lui offrir un lieu empreint de convivialité.

Toutes ces problématiques concernant nos secteurs d'activité devraient susciter une réflexion économique afin de trouver les solutions adéquates. Cela pourrait se traduire par des décrets, des propositions venant des communes ou du ministère de l'Économie et des Finances. Il serait également possible de passer des accords avec des propriétaires de murs pour favoriser la réouverture d'anciens commerces aujourd'hui fermés. Offrir des possibilités d'accès à la location de ces locaux à des prix raisonnables encouragerait l'installation de nouveaux commerces de proximité.

Pour les activités essentielles comme le secteur médical, proposer de prendre en charge le loyer pendant un certain temps permettrait d'attirer de nouveaux médecins, infirmiers, dentistes, etc. Ces centres non délocalisés, où trouver des spécialistes de la santé, réduiraient les coûts liés aux véhicules sanitaires. Si ces professionnels étaient présents sur place, cela coûterait également moins cher à la Sécurité sociale.

D'autre part, l'absence de commerces de proximité, constitue un frein considérable pour un jeune médecin souhaitant s'installer en campagne avec sa famille. Les décideurs administratifs et juridiques, responsables de la fermeture des commerces et services dans les villages, n'ont pas toujours conscience de ce que signifie vivre à la campagne. Ils ne réalisent pas qu'ils contribuent à la disparition progressive d'un monde rural déjà moribond depuis plusieurs décennies.

Je vois des petites communes où toutes les vitrines sont vides, les magasins fermés. Certains bâtiments sont en décrépitude, d'autres ont été transformés en habitations. Ces villages sans vie ne sont donc pas attrayants et ne donnent pas envie aux gens de passage de s'y arrêter.

Il est crucial de revitaliser ces zones rurales en soutenant les commerçants locaux et en encourageant l'installation de nouveaux services et commerces. Seule une approche collective et solidaire permettra de redonner une âme à nos villages et de préserver leur dynamisme.

Sur les commerces essentiels et les activités nécessaires, je terminerai en rappelant ce qui s'est passé durant la pandémie de 2020, illustrant une injustice particulièrement marquante. Des aides financières avaient été versées aux restaurateurs, aux détenteurs de débits de boissons et à d'autres métiers similaires. Cependant, nous, commerçants, n'avions pas bénéficié de ces aides, bien que nous avions dû fermer nos boutiques de la même manière. Nos pertes de chiffre d'affaires avaient été considérables. Pour exemple, un coiffeur avait perdu autant que le café-restaurant du coin, mais il n'avait pas pour autant reçu d'aide économique de l'État.

Je m'interroge profondément sur ces aides qui leur avaient été accordées et pas à nous, autres commerçants. Cette disparité dans le soutien financier a été difficile à comprendre et à accepter. Les commerçants de divers secteurs, tels que les boutiques de vêtements, les librairies, les fleuristes, et bien d'autres, avions tous été contraints de baisser nos rideaux pendant une longue période. Chaque jour de fermeture signifiait une perte de revenus irréversible, mettant en péril notre subsistance et celle de nos employés. Pourtant, malgré des pertes de chiffre d'affaires souvent comparables à celles des restaurateurs et des bars, nous n'étions pas éligibles aux mêmes aides.

Tous les problèmes que nous rencontrons, posés bout à bout, nous font perdre énormément. Ils nous obligent à lutter constamment, mettant à rude épreuve notre énergie et notre motivation. Nous nous épuisons et nous souhaiterions ardemment que cela change. La crise sanitaire avait mis en lumière les failles de notre système de soutien économique, accentuant les inégalités entre les différents secteurs d'activité. Tandis que certains pouvaient bénéficier de subventions et d'aides, d'autres étaient laissés à leur sort, devant jongler entre les charges fixes et l'absence de rentrées d'argent.

Il est donc grand temps de trouver des solutions, des ouvertures, des moyens pour ne pas nous laisser dépérir. Nous avons besoin d'un soutien équitable, de mesures adaptées à nos réalités pour pouvoir continuer à servir nos communautés et maintenir vivants nos villages. Les décideurs doivent prendre conscience de notre situation et agir pour préserver le tissu économique et social de nos campagnes. Nous ne demandons pas de privilèges, mais simplement une reconnaissance juste de nos efforts et de notre rôle essentiel.

Il serait pertinent de revoir les critères d'attribution des aides pour les rendre plus inclusifs et qu'ils prennent en compte la diversité des commerces. Des mesures spécifiques devraient être envisagées pour soutenir les petits commerçants.

Par ailleurs, l'implication des autorités locales et nationales est cruciale. Les communes pourraient jouer un rôle actif en facilitant l'accès à des locaux à des prix raisonnables, en encourageant la réouverture des anciens commerces fermés et en dynamisant le centre-ville par des initiatives attractives. Le ministère de l'Économie et des Finances pourrait aussi développer des programmes de soutien dédiés, permettant aux commerces de proximité de se moderniser, de diversifier leurs offres et d'améliorer leur visibilité.

De plus, pour attirer et retenir les jeunes professionnels, notamment dans le domaine médical, il serait nécessaire de proposer des aides à l'installation. Cela éviterait les déserts médicaux et offrirait aux habitants un accès facilité aux soins.

Enfin, la revitalisation des zones rurales passe aussi par le renforcement de la coopération entre les différents acteurs économiques. Les commerçants pourraient mutualiser leurs efforts, en organisant des événements communs, en créant des réseaux de soutien. Cette solidarité locale serait bénéfique à tous, et renforcerait le sentiment d'appartenance à une communauté soudée et dynamique.

En somme, nous devons unir nos forces pour trouver des solutions durables et équitables. Il est impératif de restaurer la confiance et l'espoir parmi les commerçants ruraux. En travaillant ensemble, en innovant et en nous adaptant, nous pouvons surmonter ces défis et redynamiser nos villages pour en faire des lieux de vie attrayants et prospères.

Les commerces essentiels et les activités nécessaires ont réellement besoin d'une prise de conscience et d'actions concrètes pour le bien de tous.

EN PARALLÈLE DES COMMERCES ESSENTIELS ET DES ACTIVITÉS NÉCESSAIRES

Dans nos campagnes, l'avenir d'autres secteurs d'activités me préoccupent. Mon cœur et ma raison me soufflent sans cesse qu'il faut agir afin que le milieu rural retrouve son entrain, redevienne tel qu'il était dans le passé. Ce qu'il est aujourd'hui est en souffrance et il est urgent de trouver des solutions pour éviter qu'il ne meure définitivement.

Les zones rurales, autrefois animées et prospères, semblent aujourd'hui tristement silencieuses, comme abandonnées.

Pourtant, ces lieux recèlent encore d'emplois précieux, et il faudrait les préserver. Non par simple nostalgie, mais par une réelle volonté de sauvegarder notre héritage. Et il existe encore une flamme, une lueur d'espoir dans le regard de ceux qui refusent de voir disparaître ce qu'ils aiment tant. Les artisans, les agriculteurs, les jeunes entrepreneurs qui s'installent malgré les difficultés croient en un avenir possible. Ils sont la clé, les gardiens du savoir-faire ancestral et les garants du renouveau rural.

Nous devons soutenir ces initiatives, encourager l'installation de nouvelles familles, favoriser les circuits courts, et réinventer nos villages pour qu'ils soient attractifs et dynamiques. Il faut des infrastructures modernes respectueuses de notre patrimoine, une éducation de qualité pour nos enfants, et des opportunités économiques pour tous.

Chaque petit geste compte. Ensemble, nous pouvons faire renaître nos campagnes. Redonner à notre terroir la vitalité qu'il mérite, c'est un devoir. C'est en prenant soin de ces racines que nous pourrons envisager un futur lumineux, où tradition et modernité cohabiteront en harmonie. Agir aujourd'hui est vital. Parce qu'il est impératif que nos campagnes redeviennent ces lieux de vie, de partage et de bonheur qu'elles étaient autrefois. Ensemble, nous pouvons préserver cette richesse inestimable pour qu'elle ne disparaisse pas, pour qu'elle puisse continuer à vivre, à vibrer, à inspirer nos futures générations.

Les fermetures d'écoles, que ce soit dans le primaire ou le secondaire, entraînent une perte. Des habitants s'en vont, alors que d'autres, ayant des enfants, ne viendront pas vivre chez nous. C'est une perte de la citoyenneté tout simplement. La scolarité offerte aux familles à proximité de leurs lieux d'habitation a deux aspects. Un aspect humain et un aspect économique.

Une communauté sans école, sans collège, n'incite pas la nouvelle génération à venir s'installer dans des régions reculées, au cœur de nos localités où elle pourrait trouver la tranquillité et le calme recherchés. Les parents aujourd'hui sont très occupés par leur travail et leurs activités. Il leur est donc indispensable que ces infrastructures soient à proximité. Avoir des écoles proches est une nécessité. Quand une école ferme, c'est comme si une partie de l'âme du village disparaissait. Les rires des enfants dans les cours de récréation, les événements scolaires qui rythment l'année, tout cela s'évanouit. Les familles sont contraintes de quitter ces lieux qui, autrefois, résonnaient de vie et de promesses d'avenir. Ces départs ne représentent pas seulement une perte en matière de chiffres, c'est aussi une perte de l'esprit communautaire, de cette solidarité qui faisait la force de nos villages.

Des personnes vivant en zones rurales, sur des communes d'une moyenne de 1 000 habitants, font le choix d'investir dans l'immobilier. Et lorsqu'ils veulent accéder à la propriété, une des premières questions qu'ils posent aux agents immobiliers est de savoir s'il y a des écoles et collèges dans le secteur. Cette question accompagne celle des services nécessaires présents dans le domaine médical. La présence d'une école rassure, elle est le signe d'une communauté vivante, d'un lieu où les générations peuvent coexister et s'épanouir ensemble. Ainsi les parents n'ont pas l'obligation de faire des dizaines de kilomètres pour mener leurs enfants à l'école.

Par ailleurs, l'absence d'établissements scolaires, et donc de familles ayant des enfants en âge d'être scolarisés, induit le vieillissement de la population des petites communes. Les commerces, qui dépendent des familles et de l'animation qu'elles apportent, voient leur activité décliner. Une commune qui se dépeuple perd son dynamisme économique. Les boutiques ferment, les artisans s'en vont, et les rues autrefois animées deviennent désertes. C'est un cercle vicieux : sans école, les familles ne viennent pas. Sans familles, les commerces ferment. Sans commerces, les zones rurales se meurent et n'attirent plus les familles. Ce déclin affecte profondément l'économie locale, mais surtout, il brise le tissu social qui faisait la richesse de nos communautés rurales.

Il est crucial de maintenir les écoles ouvertes, de soutenir les équipements scolaires et médicaux, de rendre nos villages attractifs pour les jeunes familles. Ce n'est qu'ainsi que nous pourrons enrayer cette spirale de déclin et redonner de l'élan à nos campagnes. Nos hameaux ont tant à offrir : la beauté de la nature, la tranquillité, un cadre de vie sain. Il nous incombe de préserver et de valoriser ces atouts pour les générations futures. Lutter pour nos écoles, c'est lutter pour l'avenir de nos villages. C'est un combat pour que nos enfants puissent grandir et connaître la joie de vivre en communauté, entourés de la richesse de notre patrimoine rural.

Parlons également des petits restaurants en milieu rural.

Depuis la pandémie de 2020, beaucoup de restaurants restent fermés le week-end. Ce problème est également constaté dans les villes moyennes. De plus, lorsque des personnes viennent dans nos campagnes, nous, commerçants, sommes des points d'informations au même titre qu'un office du tourisme. Elles nous demandent de les renseigner sur des lieux où ils pourraient déjeuner, dîner. Quand il n'y a pas de restaurants ouverts, nous devons les diriger vers les grandes villes, vers les grands centres commerciaux en périphérie.

Ces fermetures le week-end sont-elles dues à des charges trop élevées ? À un manque de personnel ? À un nouveau train de vie plus oisif auquel les restaurateurs se sont habitués pendant la période de la Covid-19 ? Au-delà des week-ends, ils sont également souvent fermés le soir. Si nous voulons passer une soirée au restaurant un jour de semaine, cela devient compliqué. Pour satisfaire nos envies, nous devons, comme les visiteurs que nous renseignons, nous rendre dans la grande ville la plus proche. Cet inconvénient est aussi une raison du dépeuplement dans nos milieux ruraux.

Dans le village où je vis, nous avons un restaurant et un hôtel-restaurant. Leurs horaires sont restreints le midi et le soir, ce qui est frustrant pour ceux qui aimeraient se faire plaisir. Si vous souhaitez vous y rendre au-delà de 14 heures, c'est impossible. Même boire un café dans un lieu convivial, nous est exclu. Ma commune est située sur un grand axe où des voyageurs peuvent s'arrêter pour trouver se rafraîchir. Quelle déception pour eux de constater qu'il n'y a aucun lieu dédié. Cela nous dessert, ne nous fait pas une bonne publicité pour attirer des gens de l'extérieur dans des villages comme le mien.

Puis il y a les restaurants définitivement fermés et non repris.

Il est difficile pour de nouveaux entrepreneurs désireux de venir s'y installer. Les banques prennent de moins en moins de risques dans ce secteur d'activité, au même titre d'ailleurs que pour les autres professions.

L'impact de ces fermetures va bien au-delà de l'aspect économique. Les petits restaurants étaient autrefois le cœur battant de nos villages, des lieux de rencontre où chacun pouvait échanger, se détendre, et partager un moment agréable. Leur absence crée un vide, une perte de chaleur humaine et de convivialité. Nous devons trouver des solutions pour redonner vie à ces établissements. Peut-être en allégeant les charges, en facilitant l'accès aux financements pour les nouveaux entrepreneurs. Nous devons aussi promouvoir l'importance de ces lieux auprès des habitants et des visiteurs, leur rappeler que chaque repas pris dans un restaurant local contribue à la vitalité de la communauté. Repenser nos habitudes, redécouvrir le plaisir de soutenir nos restaurants de proximité, c'est un pas vers la revitalisation de nos campagnes. Les petits gestes de chacun peuvent faire toute la différence.

Ce serait, pour chaque visiteur qui repart, l'occasion de garder le souvenir d'un bon repas et d'un accueil chaleureux. Parce que nos campagnes, nos villages le méritent.

Il y a un secteur d'activité auquel je pense beaucoup : le prêt-à-porter.

Ce domaine, autrefois florissant, devient de plus en plus complexe et préoccupant. Malgré la présence de brillants créateurs français et un savoir-faire transmis par nos écoles de stylisme et de couture, la profession souffre sous le poids des grandes chaînes de magasins. Ces enseignes, qui privilégient le prêt-à-porter bas de gamme, vendent massivement de la production venant de l'étranger et inondent les grandes surfaces de vêtements standardisés. En parallèle, des enseignes emblématiques comme Camaïeu, Cache-Cache, Mango et Jennifer ferment leurs portes. Comment expliquer que tant de chaînes textiles disparaissent alors que notre pays regorge de stylistes et couturiers talentueux ?

Les petits commerces de mode se retrouvent acculés, dépendants de quelques fournisseurs concentrés sur Paris et sa région. Cette situation met en péril notre savoir-faire français, contribuant à une véritable débâcle des talents locaux. Dans les années 1990, de belles marques de fabrication française peuplaient encore nos étagères, offrant des tissus de qualité provenant de Roanne et du nord de la France. Aujourd'hui, les petits commerces, notamment en milieu rural, peinent à trouver des produits distinctifs, car les fournisseurs parisiens proposent leurs mêmes articles à tous, des vendeurs sur les marchés aux grandes surfaces. Les boutiques de prêt-à-porter ne peuvent plus garantir l'exclusivité de leurs produits, autrefois le gage de fidélité et de qualité. Ainsi, ces commerces de proximité, véritables lieux de convivialité, se voient contraints de baisser leurs rideaux. Cette perte dépasse la simple fermeture de magasins : c'est la disparition d'espaces où l'achat de vêtements était un moment d'échange humain, loin des caddies que l'on remplit et des grandes plateformes de vente en ligne.

L'essor du commerce en ligne, particulièrement depuis la pandémie de 2020, a également contribué à cette hécatombe. Pourtant, notre pays compte encore des talents exceptionnels dans la création de prêt-à-porter et la couture. Pourquoi ne pas créer des ateliers collaboratifs, mettant en lumière ce savoir-faire et soutenant les petites boutiques ? Une telle initiative pourrait revitaliser ce secteur, en mariant tradition et modernité.

Hélas, cette idée semble aujourd'hui utopique. L'originalité se fait rare et les conseils avisés se perdent. Dans les grands magasins, les vendeurs, souvent réduits à de simples techniciens, ne partagent plus la passion du métier. Et c'est là, ma plus grande tristesse : voir se diluer un patrimoine de savoir-faire et de convivialité, faute de soutien et de vision pour l'avenir du prêt-à-porter français.

Puis il y a l'église, pièce centrale d'un village, le cœur battant de la communauté.

Aujourd'hui, nous voyons s'étioler la présence des prêtres. Un curé, désormais, doit gérer plusieurs paroisses, une tâche ardue qui s'aggrave avec le vieillissement du clergé. Les cérémonies d'apaisement, essentielles à la vie spirituelle, sont souvent prises en charge par des laïcs, les hommes d'église devenant rares. L'itinérance des curés, obligés de se déplacer de village en village pour veiller sur plusieurs édifices religieux, rend leur tâche encore plus complexe. Cela laisse les paroissiens bénévoles gérer des offices, même lors d'événements profondément solennels comme les enterrements, alors que la présence d'un prêtre est particulièrement précieuse pour les familles croyantes.

Dans la commune où je vis, cette réalité est frappante. Notre prêtre, approchant les 90 ans, officie pourtant dans quatre paroisses. Sa santé fragile l'empêche souvent de tenir les offices divins. La communauté se voit alors réunie autour de femmes et d'hommes du civil, qui, avec dévouement, célèbrent la messe. Ces bénévoles apportent leur cœur et leur âme, mais il est triste de constater qu'ils doivent combler le vide laissé par la raréfaction des prêtres. L'église, ce lieu de refuge et de recueillement, perd quelque chose de sa sacralité quand ses services doivent être improvisés. Pourtant, dans ces moments de partage et de foi, une solidarité nouvelle émerge, révélant la force et la résilience de la communauté. C'est un témoignage poignant de l'amour et de la dévotion qui persistent, malgré les défis et les absences.

Ainsi, dans chaque cérémonie, chaque rassemblement, se dessine une histoire de persévérance. Les laïcs qui prennent le relais illustrent un profond engagement envers leur foi et leur communauté. Mais cela souligne aussi une nécessité : celle de trouver des moyens de soutenir nos prêtres et de redonner à l'église son rôle central, non seulement comme bâtiment, mais comme foyer vivant de la spiritualité et de la solidarité.

En milieu rural, vivent aussi, bien évidemment, les agriculteurs.

Ils sont au cœur de la vie quotidienne, pourtant leur souffrance est souvent invisible. Ces hommes et ces femmes se demandent constamment comment faire entendre leur voix. Le dérèglement climatique et la volatilité des prix les plongent dans une incertitude permanente. La guerre en Ukraine, évènement géopolitique, a par exemple provoqué une flambée des coûts, exacerbant encore leurs difficultés.

Installés sur des exploitations de tailles variées, ils font face à des incohérences administratives et à des changements imprévisibles des attentes des consommateurs. Chaque crise aggrave leur situation, et l'avenir devient une source de préoccupation intense. Pour survivre, ils doivent souvent réduire leur salaire déjà maigre et puiser dans leurs économies personnelles pour maintenir la ferme à flot. Ces sacrifices entraînent des répercussions inévitables sur leur famille et leur couple, créant un climat de tension et de stress.

L'agriculture est un monde de taiseux, où l'on parle peu de ses difficultés, même entre pairs. Pourtant, il est essentiel de comprendre ce que signifie vivre sur une ferme. C'est avoir une trésorerie au plus bas, se demander comment nourrir les bêtes, comment tenir jusqu'à la fin de l'année, comment faire face aux imprévus financiers et climatiques. Chaque jour est une lutte contre les doutes et les incertitudes. Parce qu'être agriculteur aujourd'hui, c'est vivre des moments de crainte. C'est connaître de nombreux doutes. C'est se demander sans cesse si les sacrifices suffiront à maintenir l'exploitation en vie. C'est affronter la solitude des décisions difficiles, avec l'espoir ténu que demain sera meilleur. Derrière chaque ferme, il y a une famille qui se bat, des rêves qui vacillent, et une résilience extraordinaire qui mérite d'être entendue et soutenue.

En évoquant les commerces et les activités en milieu rural, il m'est impossible de ne pas penser aux banques. Ces institutions prêtent désormais avec une prudence excessive, refusant de prendre des risques. Dans notre société actuelle, nous devons calculer avec une minutie accrue les dangers de s'installer, de créer un commerce ou d'en reprendre un. Les jeunes commerçants et artisans aspirent à une aide concrète des banques, mais aussi des chambres de commerce et autres institutions. Malheureusement, ces organismes ne les encouragent pas. Au contraire, ils leur prédisent souvent une viabilité réduite en zones rurales.

Lorsqu'ils se rendent dans les établissements bancaires, leurs interlocuteurs continuent de réclamer des chiffres d'affaires prévisionnels sur plusieurs années, une exigence qui semble aujourd'hui déconnectée de la réalité. Les temps sont incertains, les habitudes de consommation changent constamment, et chaque jour est différent du précédent. Pourquoi ces institutions ne s'intéressent-elles pas davantage à l'humain, à la personne qui se présente à elles avec passion et détermination ? Pourquoi favorisent-elles certains secteurs au détriment d'autres ? La première difficulté pour les jeunes commerçants et artisans vient de là, avant même d'envisager celles qui surgiront après l'ouverture de leur commerce. Ces obstacles initiaux, souvent insurmontables, peuvent étouffer dans l'œuf des projets pleins de potentiel. Le manque de soutien financier et institutionnel rend encore plus ardu le chemin déjà semé d'embûches de ceux qui choisissent de s'investir en milieu rural. Pourtant, derrière chaque projet, il y a une histoire, une volonté farouche de faire revivre un village, de contribuer à la communauté. Les banques et les institutions devraient reconnaître et valoriser cette humanité, cette passion qui pousse les jeunes à entreprendre malgré les incertitudes. Sans ce soutien, le tissu économique et social des zones rurales risque de s'effilocher, privant ces régions de la vitalité et de l'innovation qu'elles requièrent.

Il est temps que les décideurs prennent conscience de la réalité vécue par ceux qui animent nos campagnes. Une approche plus humaine, plus compréhensive des défis spécifiques dans les zones non urbaines, pourrait faire toute la différence. Les jeunes commerçants et artisans ont besoin d'espoir, de soutien concret, et surtout, de croire que leurs rêves peuvent devenir réalité.

DES RENCONTRES ET DES TÉMOIGNAGES

Travailler en milieu rural exige une énergie incommensurable, une persévérance inébranlable, une inventivité constante et une volonté de fer.

Chaque jour, je rencontre des personnes passionnées qui, comme moi, s'efforcent de partager leurs expériences pour sensibiliser les autres au combat quotidien qu'ils mènent. Leur objectif est de maintenir vivantes leurs activités, de les empêcher de sombrer dans l'oubli. Et il y a des histoires qui me touchent profondément, des récits de vie empreints de courage et de détermination.

Comme ce boulanger qui a décidé de lancer une initiative audacieuse : permettre à ses clients de payer leur baguette au prix qu'ils désirent. Ce jour-là, certains ont été généreux, d'autres ont profité de l'aubaine. Mais finalement, le boulanger a été satisfait. Il a choisi de renouveler cette expérience, voyant en elle une façon de renforcer le lien avec sa communauté.

J'ai également eu l'occasion de discuter avec une thérapeute énergéticienne dans une petite commune de 1 000 habitants. Elle fait face à de nombreux préjugés et à une reconnaissance difficile. Certains la surnomment même « la sorcière », par peur de l'inconnu ou par manque de connaissance. Pourtant, les pratiques alternatives qu'elle propose ne sont pas si différentes de celles des magnétiseurs et rebouteux auxquels les campagnards font appel depuis des générations.

Une autre rencontre marquante a été celle d'une commerçante de 61 ans, propriétaire d'une boutique de prêt-à-porter. Autrefois, elle habillait les femmes avec de belles marques françaises, mais aujourd'hui, elle se voit contrainte de fermer boutique et ne parvient pas à la vendre. Les difficultés des fournisseurs, l'absence de contrôle de qualité et la concurrence des marchés ont eu raison de son rêve.

Parmi tous ces défis, j'ai récemment vécu une journée particulièrement réconfortante. Le boulanger d'une commune voisine avait organisé une Fête du Pain, invitant des représentants de différents pays, notamment le Togo. À la fin de cette journée festive, la délégation togolaise a partagé ses expériences et ses histoires. Ces échanges ont été une véritable bouffée d'oxygène, un moment de solidarité et de coopération qui m'ont redonné espoir.

Dernièrement, j'ai rencontré Madame V. Une femme courageuse, qui a choisi de tracer son propre chemin après avoir travaillé dans un bureau d'étude. Elle a décidé d'ouvrir son institut en tant qu'esthéticienne. Son choix de s'installer en milieu rural, dans une petite commune de 1200 âmes au cœur de la Vienne, témoigne de son désir de rendre la beauté accessible à tous, même loin des grandes villes.

Madame V. m'a confié les difficultés rencontrées depuis l'ouverture de son institut.

Récemment, un de ses précieux appareils, indispensable aux soins qu'elle prodigue à ses clientes, est tombé en panne. Désemparée, mais résolue, elle s'est tournée vers sa banque, espérant obtenir une autorisation de découvert pour financer la réparation. Mais sa requête a été rejetée. Le refus de l'établissement bancaire ne fut pas seulement un obstacle financier, mais également un coup porté à son moral. Car, pour justifier sa décision, son banquier lui a demandé si son institut méritait réellement un tel investissement. Cette question, lourde de jugement, a résonné douloureusement en elle, ébranlant les fondations mêmes de son entreprise, construite à force de sacrifices et de rêves.

Aujourd'hui, Madame V. se trouve dans une spirale de dépression. Et elle se sent dépouillée de sa dignité d'exercer son métier.

J'ai également eu le privilège de converser avec une ancienne commerçante en mercerie, tissu et laine. À 97 ans, cette dame incarne ce que j'aime appeler « Le soleil du commerce ». Dès nos premières paroles, elle s'est montrée agréablement surprise et touchée par le projet du livre que vous tenez entre les mains.

Son magasin, niché au cœur du Cantal, a illuminé la vie de la communauté pendant plusieurs décennies. Elle a cessé son activité à l'âge respectable de 78 ans, après une carrière ponctuée de bonheurs et d'aléas inhérents à la vie de commerçant. Aux côtés de son époux, elle a géré la boutique tout en élevant leurs trois enfants. Ensemble, ils étaient heureux, véritablement épanouis dans cette vie qu'ils avaient choisie.

Avec une camionnette, son mari parcourait les campagnes environnantes, apportant aux clients les produits commandés et vendant ce dont ils avaient besoin. « Nous considérions nos clients comme faisant partie de notre famille et étions heureux d'être là pour eux, » me confie-t-elle avec nostalgie. « Nous étions à leur écoute, mais aussi à l'écoute des autres commerçants de la commune. Nous nous entraidions, nous étions soudés. Ne dit-on pas : "Aide-toi et le ciel t'aidera" ? »

Aujourd'hui, avec l'avènement du numérique et la multiplication des achats en ligne, le charme et l'utilité des déplacements en camionnette ont disparu. À la fin de l'existence de leur boutique, les premiers signes de cette transition étaient déjà perceptibles. Les difficultés se multipliaient, rendant le métier de commerçant de plus en plus compliqué, surtout face à la concurrence des grandes surfaces en périphérie et à la délocalisation des fabricants de tissus.

Cette femme, tout comme moi, pense que le commerce en milieu rural en France traverse une période difficile. Elle espère vivement que notre pays va se réveiller, que les clients favoriseront les petits commerces, et que chacun prendra conscience de l'importance de fournir des efforts pour soutenir ces bastions de vie locale.

Partager mes inquiétudes quant à ce que nous traversons en tant que commerçants en zone rurale et m'interroger sur l'avenir qui nous attend m'a permis de rencontrer des personnes extraordinaires, dont je viens de vous transmettre les paroles.

Maintenant, je souhaite vous transférer deux témoignages écrits que j'ai reçus. Je les retranscris ici fidèlement, tel qu'ils m'ont été envoyés.

Il s'agit de Madame C., brodeuse :

« Après 38 ans de vie parisienne où j'exerçais avec succès le métier de brodeuse, pour des raisons personnelles, j'ai décidé de venir m'installer en Vendée. La haute couture y a de grands ateliers de fabrication et c'est peut-être un peu trop confiante que je pensais pouvoir m'installer facilement. Mais dès le début, les difficultés sont apparues, toutes d'ordre "humain". La malchance a voulu que la Covid vienne accroître cette difficulté, mais je pense sincèrement que même sans la Covid les difficultés auraient été présentes.

1) La suspicion. Pour louer un local, j'ai dû chercher un petit bout de temps. Non que les locaux commerciaux manquent, mais les propriétaires rechignent à louer quand ils ne connaissent pas. J'ai trouvé, enfin, un local en étage qui me convenait parfaitement et qui plus est, était magnifique et avec un loyer raisonnable. Je me suis donc installée, mais au bout de 3 mois, je n'avais toujours pas de bail. Celui-ci qui devait être un bail commercial 3, 6, 9 s'est transformé en bail précaire, le loyer qu'on m'avait donné TTC devenait tout à coup hors taxe... Bref, j'ai déménagé au bout de 3 mois à la grande surprise du propriétaire qui pensait sûrement que j'allais finir par accepter ses conditions ! Je suis partie dans une boutique qui n'avait pas le confort de cet atelier que j'ai beaucoup regretté, mais là aussi, impossible d'avoir un bail commercial classique. Le bail précaire semble la norme.

2) **Le bénévolat.** J'ai découvert que la Vendée était la région de France où il y avait le plus d'associations solidaires. Même si je trouve que ces associations ont leur place, elles débordent bien souvent sur du travail au noir dissimulé qui fait énormément de tort aux artisans qui se battent pour survivre. Les gens s'imaginent toujours que l'artisanat est toujours trop cher et nous disent carrément qu'ils ont gratuitement les mêmes choses dans telle ou telle association. En effet, des personnes, sans aucune gêne, utilisent le matériel mis à leur disposition dans ces associations pour faire des ouvrages qu'elles vendent à très bas prix. Ceci est interdit bien entendu, mais qui s'en soucie ?

*3) **La médisance.** Le qu'en-dira-t-on, les langues de vipères sévissent sans vergogne dans nos campagnes et peuvent mettre à mal un petit commerce.*

Je travaille depuis 6 mois dans une entreprise de confection et dès la première semaine, une des employées qui habite mon village a fait courir le bruit que je couchais avec un des habitants. Ça s'est propagé comme une traînée de poudre. Heureusement, ni ce monsieur, ni sa femme ni moi ne sommes des personnes à nous laisser faire et nous avons très vite mis le holà, mais le mal était fait. Je suppose que certaines personnes en sont encore persuadées.

Heureusement, je suis bien entourée et le bouche-à-oreille commence à fonctionner petit à petit. J'espère que j'aurais le plaisir de voir enfin ma petite entreprise artisanale, qui aujourd'hui est installée chez moi, repartir vers la réussite. »

Puis, il y a celui de E. une agricultrice :

« Installée depuis janvier 2023 dans le bocage vendéen, j'ai découvert petit à petit que cela allait être très compliqué de pouvoir aller vers une évolution de notre exploitation agricole familiale. Nous sommes installés en tant que couple en polyculture-élevage, le but étant de viser une autonomie alimentaire pour notre parc de 700 brebis lors de notre installation.

Autour de nous, nous voyons des propriétaires de terres appeler leurs confrères afin de leur proposer leurs biens. Évidemment, ils ont pensé à eux de suite, car il y a quelques années, leurs parents respectifs se connaissaient bien et s'appréciaient. Qu'importe si cette personne possède déjà plusieurs hectares alors qu'une petite exploitation comme la nôtre parvient à peine à nourrir ses animaux sur le peu d'hectares en notre possession. Agrandir notre cheptel est compliqué, car le pâturage pour nos brebis est essentiel à notre production sous le signe officiel de qualité Label Rouge. Pour cela, il faut des prairies, mais il faut également pouvoir cultiver du maïs afin de faire notre ensilage. Comment développer une autonomie alimentaire si chère à notre société de consommateurs quand nous n'avons pas la *possibilité d'obtenir une plus grande surface ? Comment remplir les critères des cahiers des charges (toujours plus lourds) quand on souhaite se développer, mais que nous nous retrouvons l'herbe coupée sous le pied pour obtenir de nouvelles terres ? Comment réussir à obtenir un salaire décent pour notre couple quand on sait qu'il faut 450 brebis par UTH (unité de travail humain), mais que nous n'avons pas la capacité de les accueillir sur l'exploitation par manque de place et de superficie afin de les nourrir ?*

En ce qui concerne les terres de plaines, plus proches des villes, il est ici impossible pour nous de nous permettre l'acquisition de telles terres. Les prix flambent et partent aux plus offrants. Comment rivaliser quand certains investisseurs viennent acquérir ces biens en payant comptant des prix exorbitants et dont le seul but est de les mettre en locations à prix d'or aux agriculteurs ? Ils auront forcément preneur puisque l'obtention de terres agricoles est semblable à une guerre entre producteurs.

Ce monde agricole en milieu rural est encore trop fermé. Le fait d'être une jeune installée ne procure aucun avantage comme on pourrait le croire. Il faut savoir que dans le monde agricole, les choses sont souvent jouées d'avance et il y a très peu de place pour les personnes qui comme nous, ne sont pas sur place depuis plusieurs générations. »

Ces témoignages reflètent la réalité poignante de notre époque. Ils sont aussi des cris du cœur, les cris de ceux qui, malgré les défis, continuent à croire en la valeur de leur travail et en la richesse des relations humaines qu'il engendre. En les lisant, j'espère que vous ressentirez la même émotion et la même détermination que moi à soutenir nos petits commerces, véritables piliers de nos communautés.

Ces rencontres me rappellent chaque jour l'importance de la solidarité, du partage et de la résilience. Travailler en milieu rural n'est pas facile, mais c'est une aventure humaine extraordinaire, faite de défis et de réussites, de rencontres et de découvertes.

POURQUOI ?

Je sais aujourd'hui POURQUOI j'ai voulu écrire ce livre et POURQUOI il me tiens tant à cœur.

Car, chères lectrices et chers lecteurs, tout au long de ces pages que je vous livre, pendant que je crie mon désarroi face aux difficultés d'être commerçant en milieu rural, de nombreuses interrogations me frappent, une multitude de POURQUOI.

POURQUOI, oui, POURQUOI ???

POURQUOI j'attends et POURQUOI j'aspire à des jours meilleurs ?

POURQUOI ce choix d'être indépendante ?

POURQUOI le temps passe, mais les difficultés restent ?

POURQUOI cette peur de mettre en avant notre savoir-faire ?

POURQUOI ce manque de confiance ?

POURQUOI ce manque de communication ?

POURQUOI ce manque d'écoute ?

POURQUOI ce manque d'entraide entre petits commerçants ?

POURQUOI cette absence d'accompagnement ?

POURQUOI tant de concurrence, autant de jalousie ?

POURQUOI les efforts semblent-ils parfois vains ?

POURQUOI le soutien des institutions est-il si insuffisant ?

POURQUOI les initiatives locales sont-elles si peu valorisées ?

POURQUOI est-il si difficile de se faire connaître ?

POURQUOI l'isolement pèse-t-il si lourd ?

POURQUOI le progrès technologique est-il à la fois une opportunité et un obstacle ? POURQUOI le consommateur oublie-t-il parfois la valeur du commerce local ?

POURQUOI les sacrifices personnels sont-ils si nombreux ?

POURQUOI la passion ne suffit-elle pas toujours ?

Aurai-je le plaisir de vous aider à comprendre le titre de mon livre et POURQUOI toutes ces interrogations me hantent ?

Aurai-je un jour avoir des réponses à tous mes POURQUOI ?

Si je les obtiens, aurai-je l'opportunité de vous les apporter dans un second ouvrage ?

POURQUOI pas !?!

Édition : BoD • Books on Demand GmbH, In de Tarpen
42, 22848 Norderstedt (Allemagne)
Impression : Libri Plureos GmbH, Friedensallee 273,
22763 Hamburg (Allemagne)

Illustration : GrumpyBeere

ISBN : 978-2-3225-3988-8
Dépôt légal : Juin 2024